Tu mundo

Autobuses

Descomponer números del 11 al 19

Logan Avery

Abuelita y yo tomamos el autobús.

¡Será un día divertido!

Nos subimos al autobús.

20 personas

Hay 20 personas en nuestro autobús.

La primera parada
está cerca del estadio.

17 personas

3 personas se bajan.

La siguiente parada
está en el centro.

15 personas

2 personas se bajan.

La siguiente parada está cerca del parque.

12 personas

3 personas se bajan.

La siguiente parada está cerca de nuestra casa.

10 personas

Abuelita y yo nos bajamos.

¡Adiós a todos!

¡Adiós, autobús!

Resolución de problemas

Las personas van de pie y van sentadas dentro de los autobuses. Cada autobús lleva 10 personas de pie. Escribe cuántas personas están sentadas.

Autobús	Total de personas	Personas de pie	Personas sentadas
A	11	10	
B	14	10	
C	19	10	

Soluciones

A: 1 persona

B: 4 personas

C: 9 personas

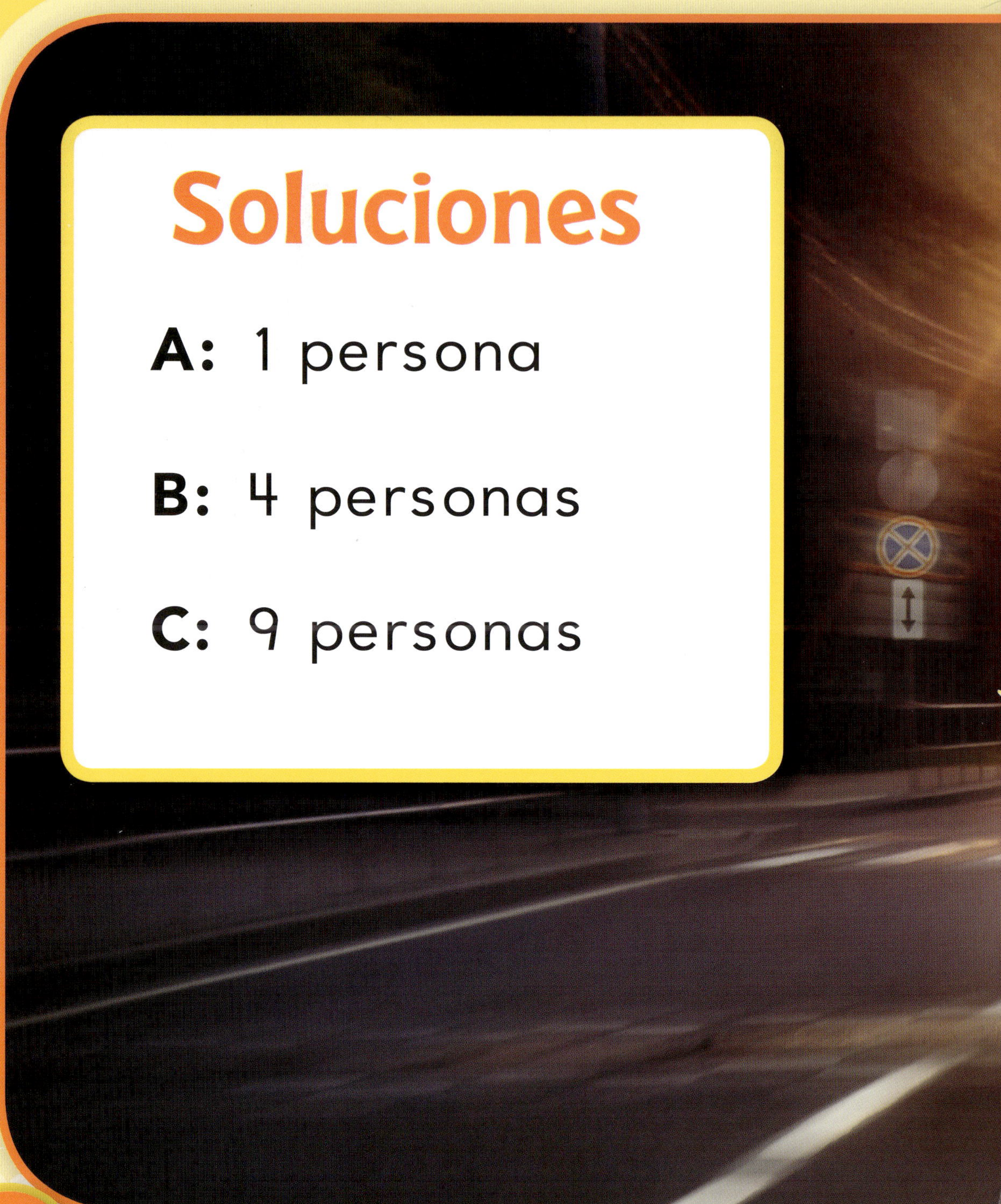

Asesoras

Nicole Belasco, M.Ed.
Maestra de jardín de niños, Distrito Escolar Colonial

Colleen Pollitt, M.A.Ed.
Maestra de apoyo de matemáticas, Escuelas Públicas del Condado de Howard

Créditos de publicación

Rachelle Cracchiolo, M.S.Ed., *Editora comercial*
Conni Medina, M.A.Ed., *Redactora jefa*
Dona Herweck Rice, *Realizadora de la serie*
Emily R. Smith, M.A.Ed., *Realizadora de la serie*
Diana Kenney, M.A.Ed., NBCT, *Directora de contenido*
June Kikuchi, *Directora de contenido*
Véronique Bos, *Directora creativa*
Robin Erickson, *Directora de arte*
Caroline Gasca, M.S.Ed, *Editora superior*
Stacy Monsman, M.A.Ed., *Editora*
Karen Malaska, M.Ed., *Editora*
Michelle Jovin, M.A., *Editora asociada*
Sam Morales, M.A., *Editor asociado*
Fabiola Sepúlveda, *Diseñadora gráfica*
Jill Malcolm, *Diseñadora gráfica básica*

Crééditos de imágenes: Todas las imágenes provienen de iStock y/o Shutterstock.

Library of Congress Cataloging-in-Publication Data

Names: Avery, Logan, author.
Title: Autobuses : descomponer numeros del 11 al 19 / Logan Avery.
Other titles: Buses. Spanish
Description: Huntington Beach : Teacher Created Materials, Inc., [2020] | Series: Tu mundo | Series: Mathematics readers | Audience: K to grade 3.
Identifiers: LCCN 2018052851 | ISBN 9781425828332 (pbk.)
Subjects: LCSH: Buses--Juvenile literature. | Subtraction--Juvenile literature. | Counting--Juvenile literature.
Classification: LCC TL232 .A877418 2020 | DDC 513.2/1--dc23 LC record available at https://lccn.loc.gov/2018052851

Teacher Created Materials
5301 Oceanus Drive
Huntington Beach, CA 92649-1030
www.tcmpub.com

ISBN 978-1-4258-2833-2

Printed in China
Nordica.082019.CA21901320